AF201331

Impressum
Verlag: BABADADA GmbH, Nedderfeld 112 , 22529 Hamburg
Geschäftsführer / Verlagsleitung: Harald Hof
Druck: Books on Demand GmbH, In de Tarpen 42, 22848 Norderstedt

Imprint
Publisher: BABADADA GmbH, Nedderfeld 112 , 22529 Hamburg, Germany
Managing Director / Publishing direction: Harald Hof
Print: Books on Demand GmbH, In de Tarpen 42, 22848 Norderstedt, Germany

iskola
mokykla

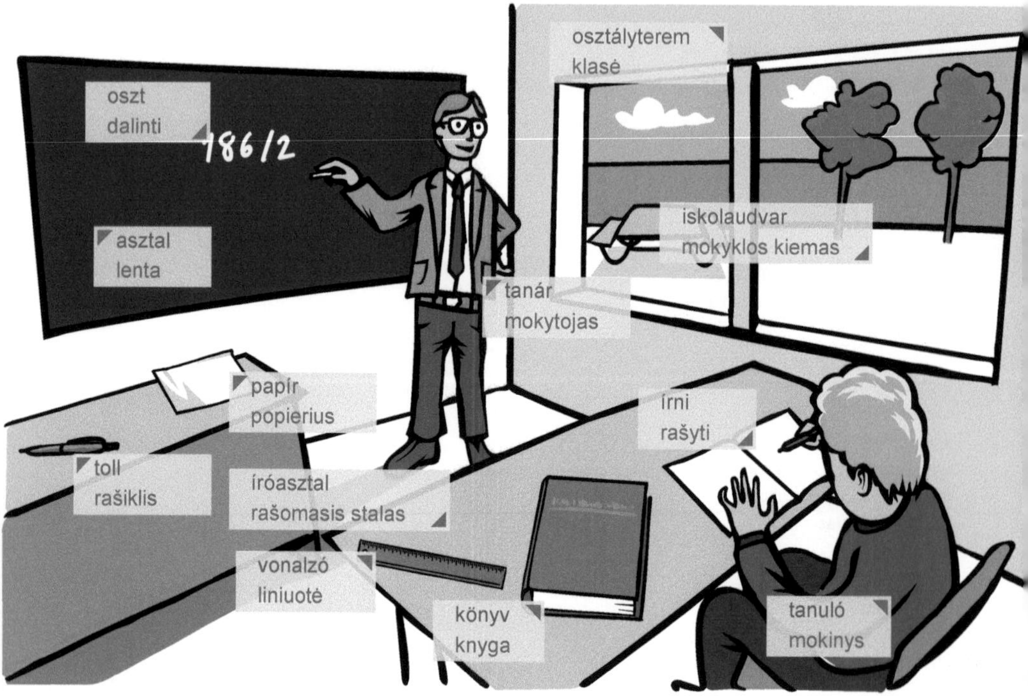
osztályterem
klasė
oszt
dalinti
186/2
asztal
lenta
iskolaudvar
mokyklos kiemas
tanár
mokytojas
papír
popierius
írni
rašyti
toll
rašiklis
íróasztal
rašomasis stalas
vonalzó
liniuotė
könyv
knyga
tanuló
mokinys

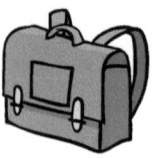

iskolatáska
kuprinė

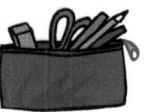

tolltartó
penalas

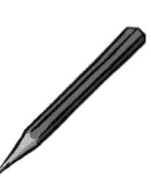

ceruza
pieštukas

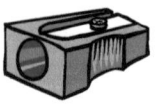

ceruzahegyező
drožtukas

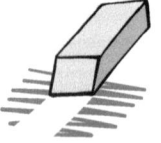

radír
trintukas

rajzfüzet
piešimo bloknotas

rajz

piešinys

ecset

teptukas

festőkészlet

dažų dėžutė

olló

žirklės

ragasztó

klijai

munkafüzet

vadovėlis

házi feladat

namų darbai

12

szám

numeris

2+2

összead

pridėti

5-2

kivon

atimti

2×2

szoroz

dauginti

számol

skaičiuoti

A

betű

raidė

ABCDEFG HIJKLMN OPQRSTU VWXYZ

ABC

abėcėlė

szó

žodis

szöveg

tekstas

olvasni

skaityti

kréta

kreida

tanóra

pamoka

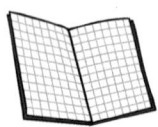

napló

dienynas

vizsga

egzaminas

bizonyítvány

pažymėjimas

iskolai egyenruha

mokyklinė uniforma

oktatás

išsilavinimas

enciklopédia

enciklopedija

egyetem

universitetas

mikroszkóp

mikroskopas

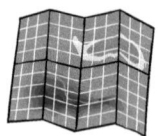

térkép

žemėlapis

papír-hulladék gyüjtő

šiukšliadėžė

utazás
kelionė

hotel
viešbutis
Grand
szállás
svečių namai
ROOMS
valutaváltó iroda
valiutos keitykla
EXCHANGE
bőrönd
lagaminas
autó
mašina

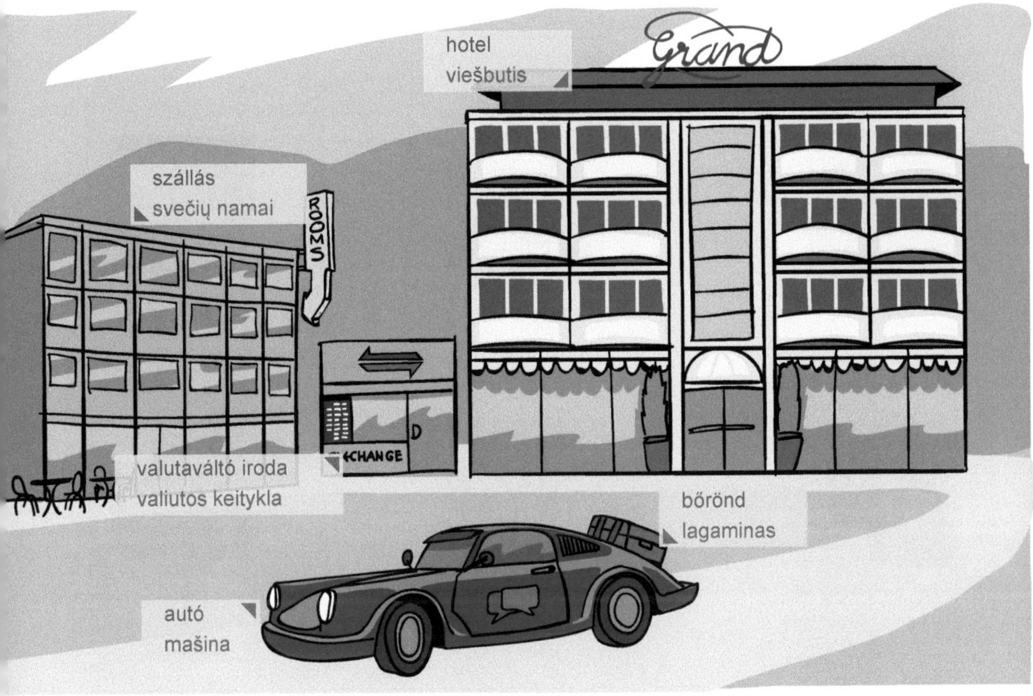

nyelv

kalba

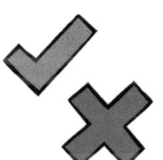

igen/nem

taip / ne

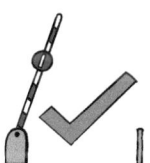

rendben

Gerai

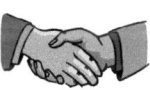

szia

sveiki

fordító

vertėjas raštu

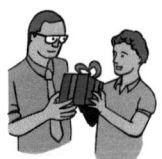

köszönöm

Ačiū

mennyibe kerül...?

kiek kainuoja...?

nem értem

aš nesuprantu

probléma

problema

Jó estét!

Labas vakaras!

jó reggelt!

Labas rytas!

jó éjszakát!

Labos nakties!

viszontlátásra

viso gero

útirány

kryptis

poggyász

bagažas

táska

krepšys

hátizsák

kuprinė

vendég

svečias

szoba

kambarys

hálózsák

miegmaišis

sátor

palapinė

6

utazás - kelionė

turista információ

turizmo informacija

strand

paplūdimys

hitelkártya

kreditinė kortelė

reggeli

pusryčiai

ebéd

pietūs

vacsora

vakarienė

jegy

bilietas

lift

liftas

bélyeg

pašto ženklas

határ

siena

vám

muitinė

nagykövetség

ambasada

vízum

viza

útlevél

pasas

közlekedés
transportas

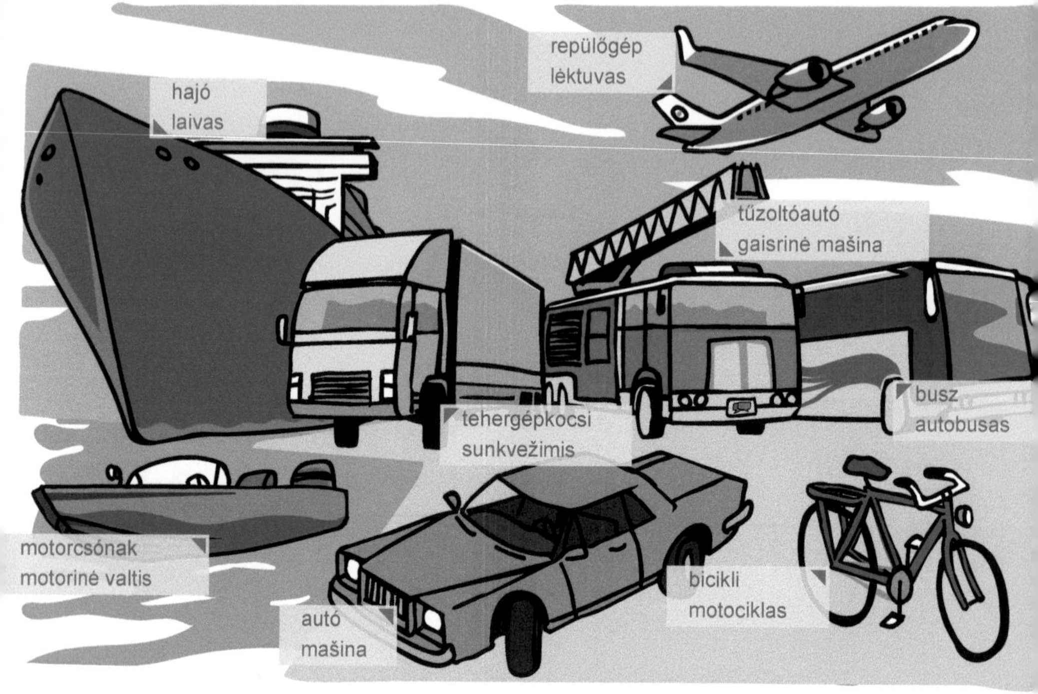
repülőgép
lėktuvas
hajó
laivas
tűzoltóautó
gaisrinė mašina
busz
autobusas
tehergépkocsi
sunkvežimis
motorcsónak
motorinė valtis
bicikli
motociklas
autó
mašina

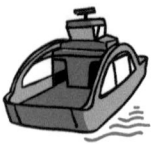

komp
keltas

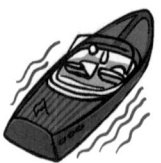

csónak
valtis

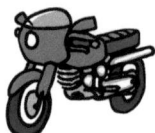

motorkerékpár
mopedas

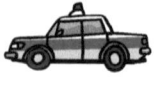

rendőrautó
policijos automobilis

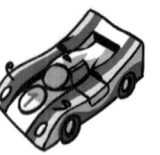

versenyautó
lenktyninis automobilis

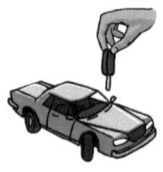

bérautó
nuomojamas automobilis

telekocsi

bendras automobilio
naudojimas

vontató

techninės pagalbos
automobilis

szemetes autó

šiukšliavežė

motor

variklis

üzemanyag

degalai

benzinkút

degalinė

közlekedési tábla

kelio ženklas

forgalom

eismas

forgalmi dugó

eismo spūstis

parkoló

mašinų stovėjimo aikštelė

vonatállomás

traukinių stotis

sínek

bėgiai

vonat

traukinys

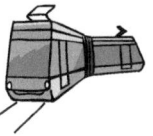

villamos

tramvajus

vagon

vagonas

helikopter

sraigtasparnis

repülőtér

oro uostas

torony

bokštas

utas

keleivis

konténer

konteineris

kartondoboz

dėžė

taliga

vežimėlis

kosár

krepšys

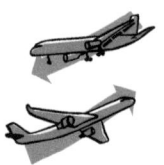

felszáll / leszáll

pakilti / nusileisti

város

miestas

falu

kaimas

városközpont

miesto centras

ház

namas

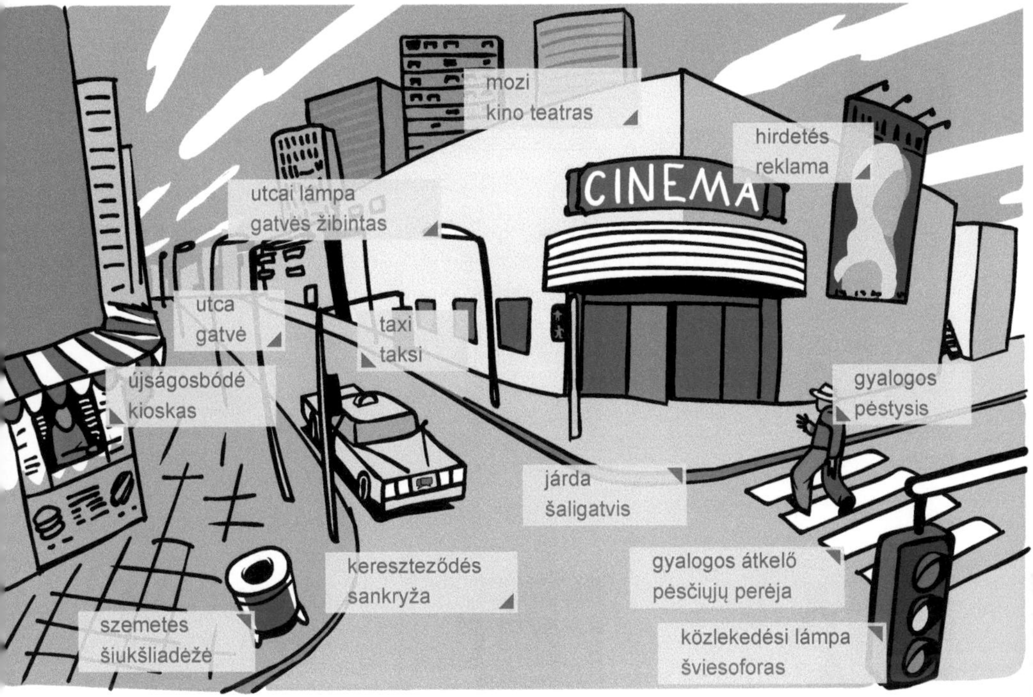

mozi
kino teatras

hirdetés
reklama

utcai lámpa
gatvės žibintas

utca
gatvė

taxi
taksi

újságosbódé
kioskas

gyalogos
pėstysis

járda
šaligatvis

kereszteződés
sankryža

gyalogos átkelő
pėsčiųjų perėja

szemetes
šiukšliadėžė

közlekedési lámpa
šviesoforas

kunyhó
trobelė

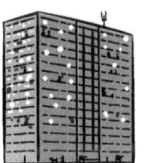

lakás
butas

vonatállomás
traukinių stotis

városháza
rotušė

múzeum
muziejus

iskola
mokykla

egyetem
universitetas

bank
bankas

kórház
ligoninė

hotel
viešbutis

gyógyszertár
vaistinė

iroda
biuras

könyvesbolt
knygynas

üzlet
parduotuvė

virágüzlet
gėlių parduotuvė

szupermarket
prekybos centras

piac
turgus

áruház
universalinė parduotuvė

halárus
žuvies parduotuvė

bevásárló központ
prekybos centras

kikötő
uostas

park

parkas

pad

suoliukas

híd

tiltas

lépcső

laiptai

metró

metro

alagút

tunelis

buszmegálló

autobusų stotelė

bár

baras

étterem

restoranas

postaláda

lauko pašto dėžutė

utcatábla

kelio ženklas

parkoló óra

parkomatas

állatkert

zoologijos sodas

uszoda

baseinas

mecset

mečetė

gazdálkodás
ūkininko ūkis

környezetszennyezés
tarša

temető
kapinės

templom
bažnyčia

játszótér
žaidimų aikštelė

szentély
šventykla

táj
kraštovaizdis

levél
lapas

útjelző tábla
kelio rodyklė

út
kelias

rét
pieva

kő
akmuo

fa
medis

túrázó
éjikas

folyó
upė

fű
žolė

virág
gėlė

völgy
slėnis

domb
kalva

tó
ežeras

erdő
miškas

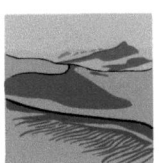

sivatag
dykuma

vulkán
ugnikalnis

kastély
pilis

szivárvány
vaivorykštė

gomba
grybas

pálmafa
palmė

szúnyog
uodas

légy
musė

hangya
skruzdėlė

méhecske
bitė

pók
voras

bogár
vabalas

béka
varlė

mókus
voverė

sündisznó
ežys

nyúl
kiškis

bagoly
peléda

madár
paukštis

hattyú
gulbė

vaddisznó
šernas

szarvas
elnias

rénszarvas
briedis

gát
užtvanka

szélturbina
vėjo jėgainė

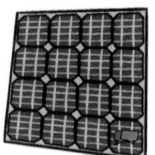

napelem
saulės baterija

éghajlat
klimatas

táj - kraštovaizdis

étterem
restoranas

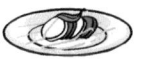

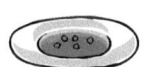

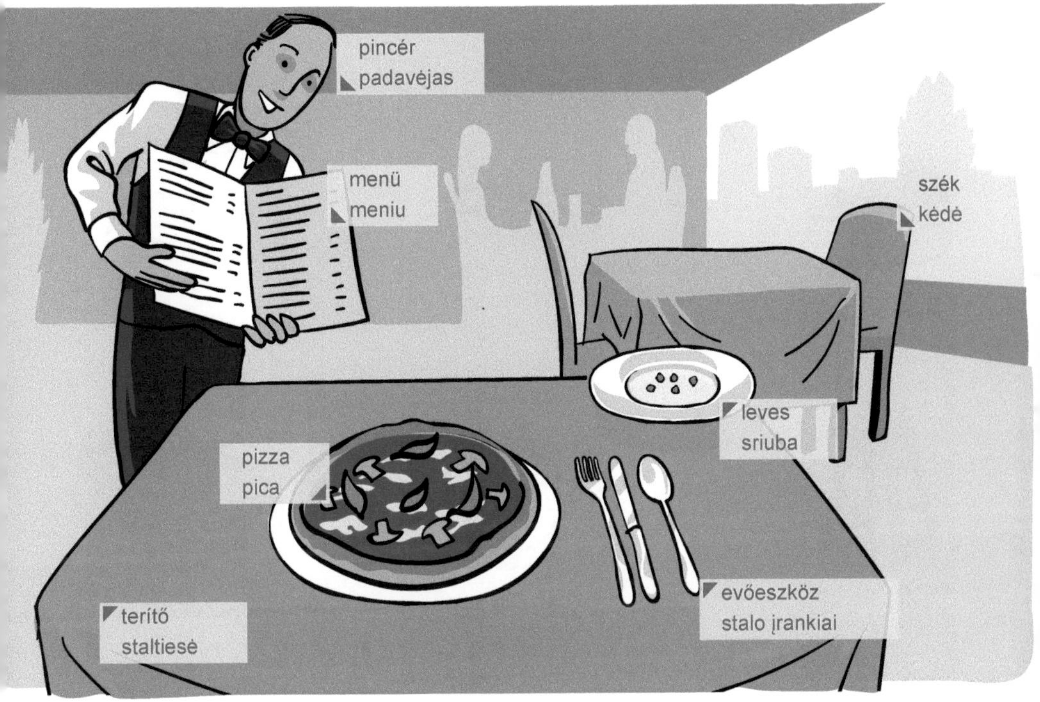
pincér
padavėjas
menü
meniu
szék
kėdė
leves
sriuba
pizza
pica
evőeszköz
stalo įrankiai
terítő
staltiesė

előétel

užkandis

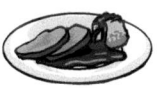

főétel

pagrindinis patiekalas

desszert

desertas

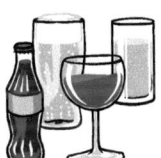

italok

gėrimai

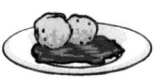

étel

maistas

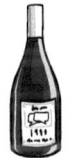

üveg

butelis

gyorsétel

greitai pateikiamas maistas

gyorsétel

gatvės maistas

teás kanna

arbatinukas

cukortartó

cukrinė

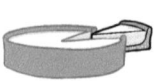

adag

porcija

eszpresszógép

espreso aparatas

bárszék

aukšta kėdė

számla

sąskaita

tálca

padėklas

kés

peilis

villa

šakutė

kanál

šaukštas

teáskanál

arbatinis šaukštelis

szalvéta

servetėlė

pohár

stiklinė

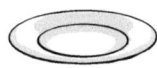

tányér
lékštė

leveses tányér
sriubos lékštė

csészealj
padėklas

szósz
padažas

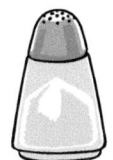

sószóró
druskinė

borsőrlő
pipirų malūnėlis

ecet
actas

étkezési olaj
aliejus

fűszerek
prieskoniai

ketchup
kečupas

mustár
garstyčios

majonéz
majonezas

szupermarket

prekybos centras

különleges ajánlat
specialus pasiūlymas
ügyfél
pirkėjas
tejtermék
pieno produktai
gyümölcsök
vaisiai
bevásárló kocsi
troleibusas
FOR

BUTCHERS

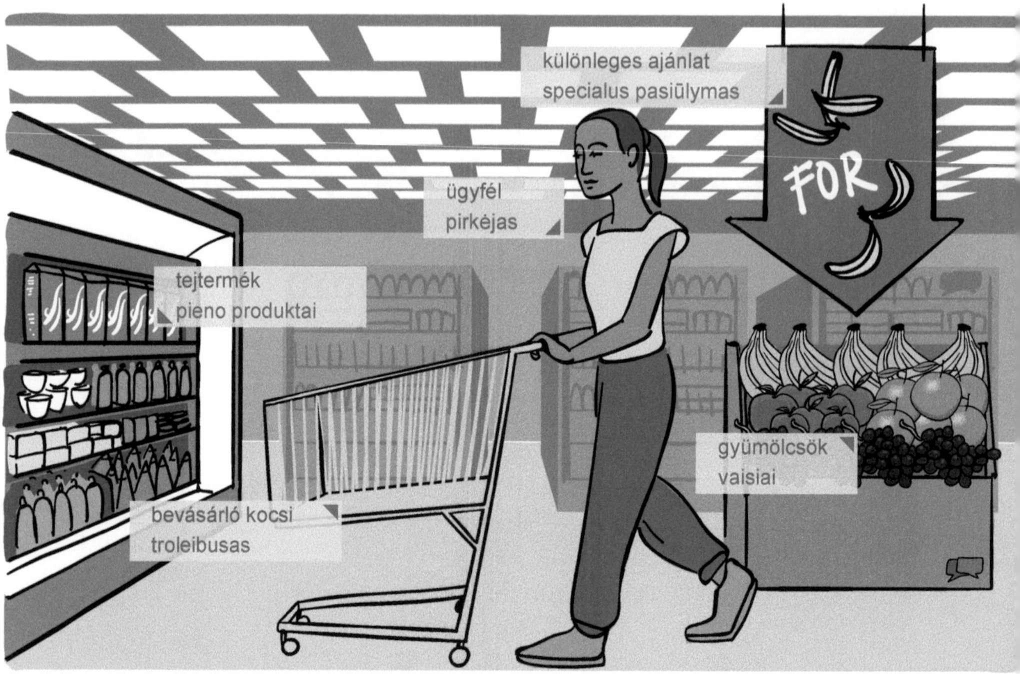

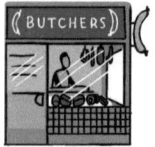

hentes

mėsos parduotuvė

BAKERY

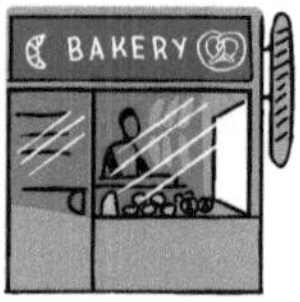

pékség

kepykla

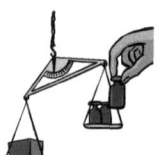

nyom valamennyit

sverti

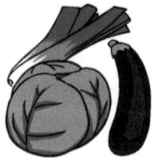

zöldség

daržovės

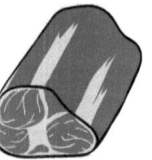

hús

mėsa

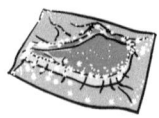

fagyasztott áru

šaldytas maistas

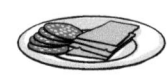

felvágott

šalti mėsos užkandžiai

konzerv

konservai

mosópor

skalbimo milteliai

édességek

saldumynai

háztartási termék

ūkinės prekės

tisztítószerek

valymo priemonės

eladó

pardavėja

pénztárgép

kasos aparatas

eladó

kasininkas

bevásárló lista

pirkinių sąrašas

nyitva tartás

darbo valandos

levéltárca

piniginė

hitelkártya

kreditinė kortelė

zacskó

maišelis

műanyag zacskó

plastikinis maišelis

víz
vanduo

gyümölcslé
sultys

tej
pienas

kóla
kola

bor
vynas

sör
alus

alkohol
alkoholis

kakaó
kakava

tea
arbata

kávé
kava

eszpresszó
espresas

kapucsínó
kapučinas

banán

bananas

alma

obuolys

narancs

apelsinas

sárgadinnye

arbūzas

citrom

citrina

sárgarépa

morka

fokhagyma

česnakas

bambusz

bambukas

hagyma

svogūnas

gomba

grybas

magvak

riešutai

nokedli

makaronai

spagetti

spagečiai

rizs

ryžiai

saláta

salotos

sült krumpli

traškučiai

sült burgonya

keptos bulvės

pizza

pica

hamburger

mėsainis

szendvics

sumuštinis

hússzelet

pjausnys

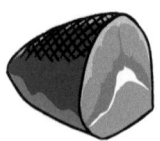

sonka

kumpis

szalámi

saliamis

kolbász

dešrelė

csirke

vištiena

pecsenye

kepsnys

hal

žuvis

zabkása

avižų dribsniai

müzli

dribsniai su priedais

kukoricapehely

kukurūzų dribsniai

liszt

miltai

croissant

prancūziškasis ragelis

zsemle

bandelė

kenyér

duona

pirítós kenyér

skrebutis

keksz

sausainiai

vaj

sviestas

túró

varškė

sütemény

tortas

tojás

kiaušinis

tükörtojás

kiaušinienė

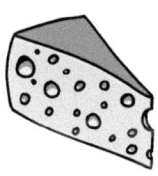

sajt

sūris

jégkrém
ledai

cukor
cukrus

méz
medus

lekvár
uogienė

mogyorókrém
tepamas šokoladas

curry
karis

gazdálkodás
ūkininko ūkis

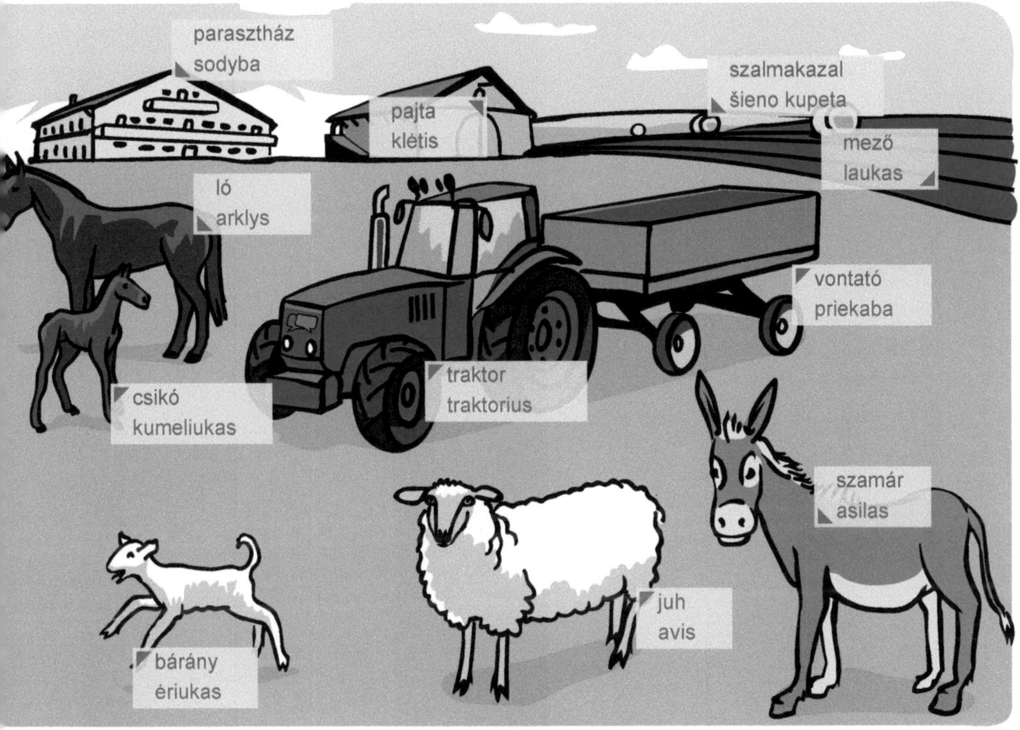
parasztház
sodyba
pajta
klėtis
szalmakazal
šieno kupeta
mező
laukas
ló
arklys
vontató
priekaba
traktor
traktorius
csikó
kumeliukas
szamár
asilas
juh
avis
bárány
ėriukas

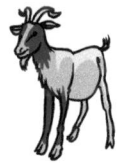

kecske

ožys

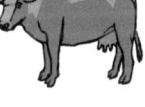

tehén

karvė

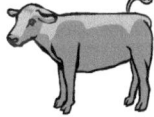

borjú

veršis

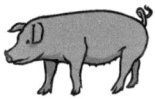

malac

kiaulė

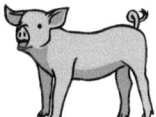

kismalac

paršelis

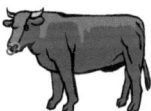

bika

bulius

liba

žąsis

kacsa

antis

csibe

viščiukas

tojó

višta

kakas

gaidys

patkány

žiurkė

macska

katė

egér

pelė

ökör

jautis

kutya

šuo

kutyaház

šuns būda

kerti öntözőcső

sodo namas

öntözőkanna

laistytuvas

kasza

dalgis

eke

plūgas

sarló
....
pjautuvas

kapa
....
kauptukas

vasvilla
....
šakės

fejsze
....
kirvis

talicska
....
statinė

teknő
....
lovys

tejes kancsó
....
bidonas

zsák
....
maišas

kerítés
....
tvora

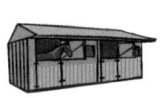

istálló
....
arklidė

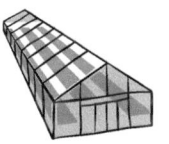

üvegház
....
šiltnamis

talaj
....
dirva

vetőmag
....
sėkla

trágya
....
trąšos

cséplőgép
....
kombainas

szüretelni

rinkti

betakarítás

derlius

yamgyökér

saldžiosios bulvės

búza

kviečiai

szója

soja

burgonya

bulvė

kukorica

kukurūzai

repcemag

rapsai

gyümölcsfa

vaismedis

manióka

manijokas

gabona

grūdai

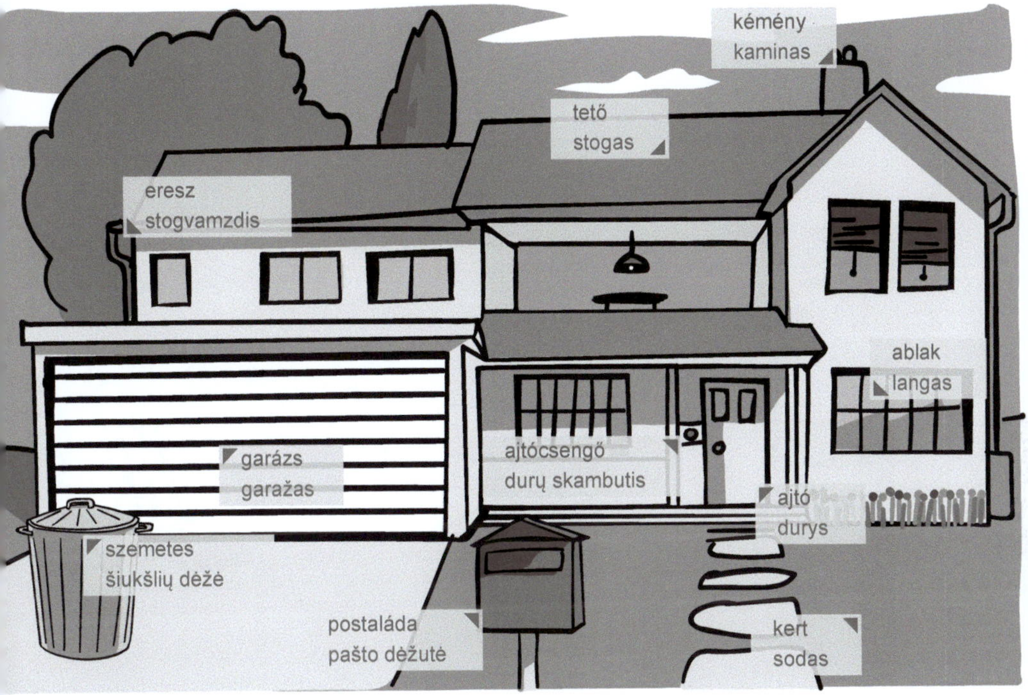

kémény
kaminas

tető
stogas

eresz
stogvamzdis

ablak
langas

garázs
garažas

ajtócsengő
durų skambutis

ajtó
durys

szemetes
šiukšlių dėžė

postaláda
pašto dėžutė

kert
sodas

nappali

svetainė

fürdőszoba

vonios kambarys

konyha

virtuvė

hálószoba

miegamasis

gyerekszoba

vaiko kambarys

ebédlő

valgomasis

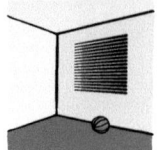

padló
grindys

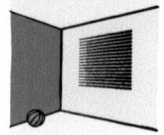

fal
siena

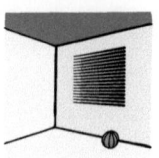

plafon
lubos

pince
rūsys

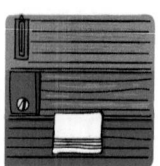

szauna
sauna

erkély
balkonas

terasz
terasa

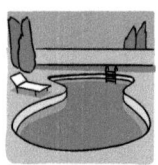

medence
baseinas

fűnyíró
žoliapjovė

lepedő
paklodė

ágytakaró
lovatiesė

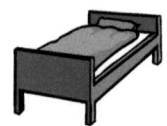

ágy
lova

seprű
šluota

vödör
kibiras

kapcsoló
jungiklis

nappali
svetainė

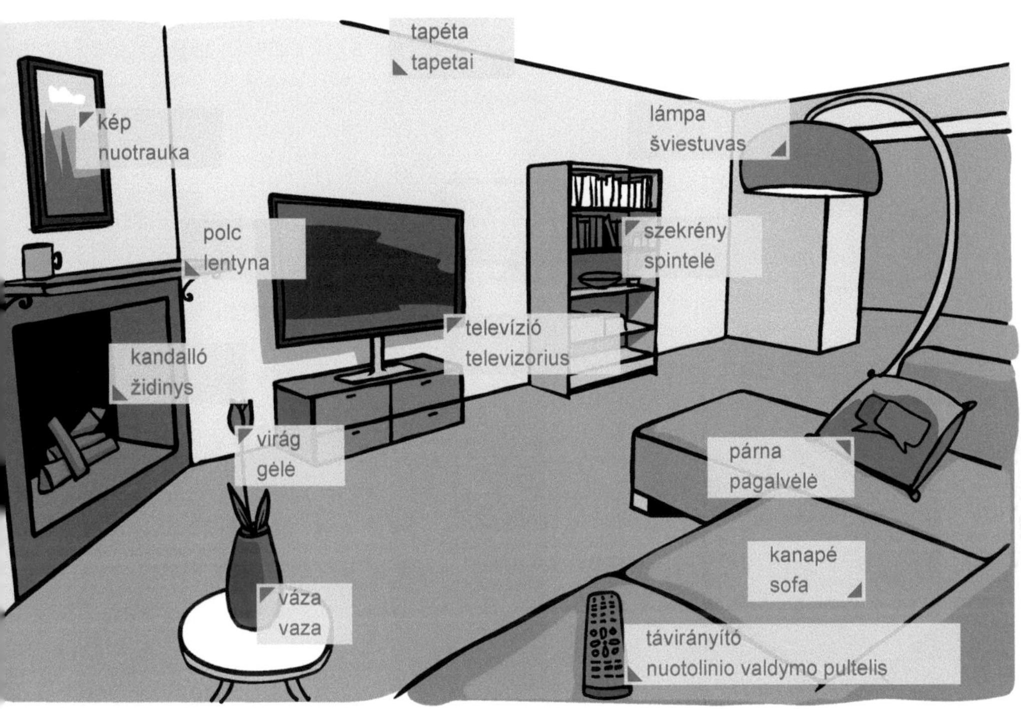

tapéta
tapetai
kép
nuotrauka
lámpa
šviestuvas
polc
lentyna
szekrény
spintelė
televízió
televizorius
kandalló
židinys
virág
gėlė
párna
pagalvėlė
kanapé
sofa
váza
vaza
távirányító
nuotolinio valdymo pultelis

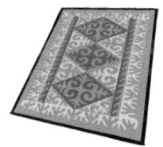

szőnyeg

kilimas

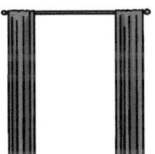

függöny

užuolaida

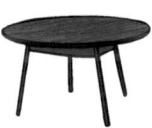

asztal

stalas

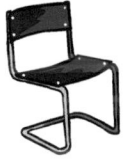

szék

kėdė

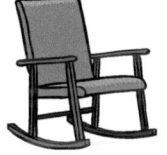

hintaszék

supamasis krėslas

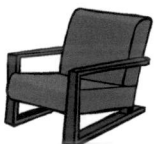

karosszék

fotelis

könyv

knyga

takaró

antklodė

dekoráció

papuošimai

tűzifa

malkos

film

filmas

hifi

stereo aparatūra

kulcs

raktas

újság

laikraštis

festmény

paveikslas

poszter

plakatas

rádió

radijas

jegyzetfüzet

užrašų knygelė

porszívó

dulkių siurblys

kaktusz

kaktusas

gyertya

žvakė

konyha
virtuvė

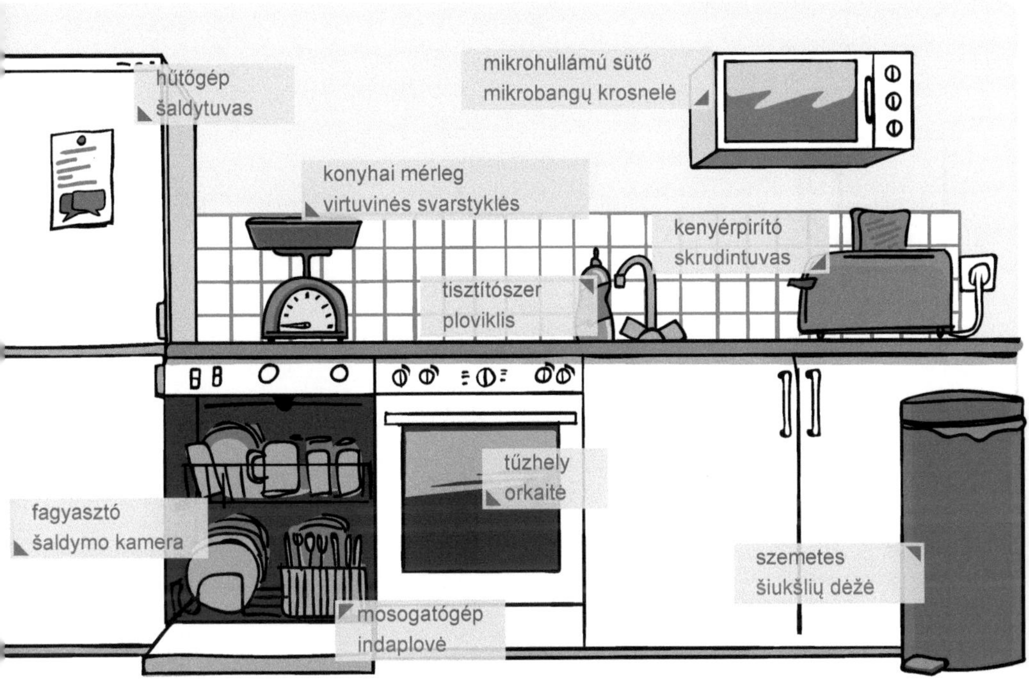
hűtőgép
šaldytuvas
mikrohullámú sütő
mikrobangų krosnelė
konyhai mérleg
virtuvinės svarstyklės
kenyérpirító
skrudintuvas
tisztítószer
ploviklis
tűzhely
orkaitė
fagyasztó
šaldymo kamera
szemetes
šiukšlių dėžė
mosogatógép
indaplovė

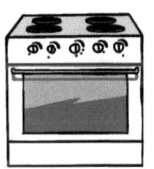

tűzhely
viryklė

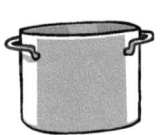

edény
puodas

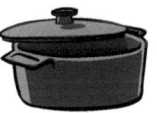

vasfazék
ketaus puodas

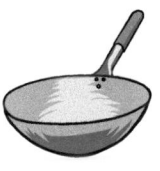

wok / kadai
„wok“ keptuvė

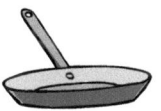

serpenyő
keptuvė

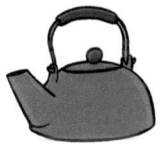

vízforraló
virdulys

páróló

garų puodas

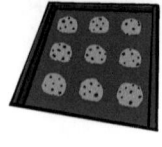

tepsi

kepimo skarda

étkészlet

porceliano indai

bögre

puodelis

tálka

dubuo

evőpálcika

valgomosios lazdelės

merőkanál

samtis

keverőlapátka

mentelė

habverő

plaktuvas

szűrő

koštuvas

szita

sietas

reszelő

trintuvė

mozsár

grūstuvė

grillsütő

kepsninė

kandalló

atvira liepsna

vágódeszka

pjaustymo lentelė

sodrófa

kočėlas

dugóhúzó

kamščiatraukis

doboz

skardinė

konzervnyitó

skardinių atidarytuvas

edényfogó

puodkėlė

mosogató

kriauklė

kefe

šepetys

szivacs

kempinė

turmixgép

trintuvas

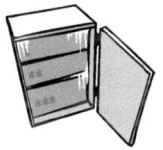

mélyhűtő

šaldiklis

cumisüveg

kūdikių buteliukas

csap

čiaupas

fürdőszoba
vonios kambarys

zuhany
dušas
fűtés
šildymas
törölköző
rankšluostis
zuhanyfüggöny
dušo užuolaidos
habfürdő
vonios putos
kád
vonia
pohár
stiklinė
mosógép
skalbimo mašina
csap
čiaupas
csempe
plytelės
bili
naktinis puodukas
mosogató
kriauklė

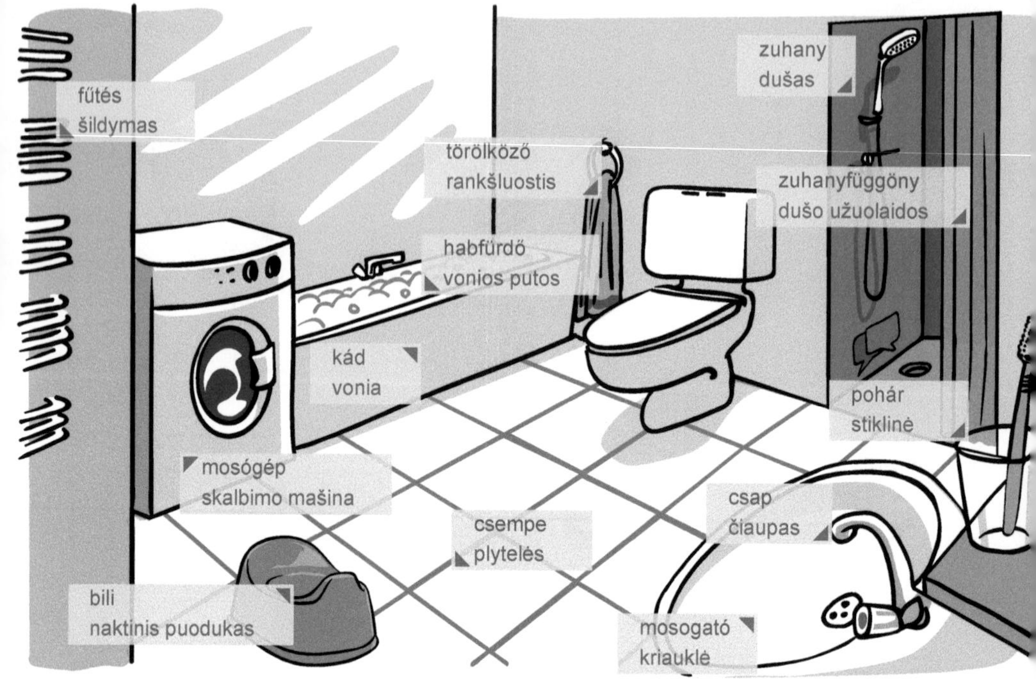

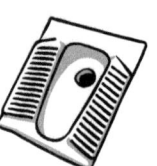

toalett
unitazas

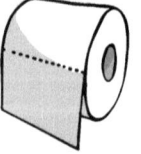

guggolós toalett
tupimasis unitazas

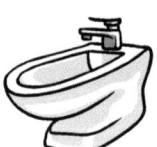

bidé
bidė

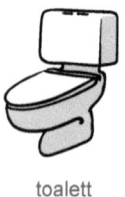

piszoár
pisuaras

toalett papír
tualetinis popierius

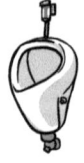

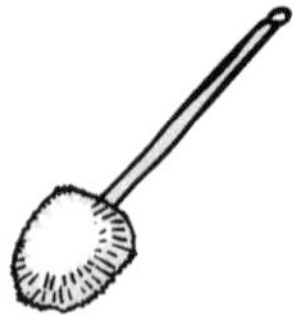

wc kefe
unitazo šepetys

fogkefe
dantų šepetėlis

fogkrém
dantų pasta

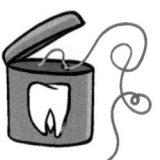

fogselyem
dantų siūlas

mosni
plauti

kézi zuhany
dušo galvutė

intimzuhany
higieninis dušas

mosdótál
praustuvas

hátmosó kefe
nugaros plaušinė

szappan
muilas

tusfürdő
dušo želė

sampon
šampūnas

mosdókesztyű
plaušinė

lefolyó
kanalizacija

krém
kremas

dezodor
dezodorantas

tükör
veidrodis

kézitükör
veidrodėlis

borotva
skustuvas

borotvahab
skutimosi putos

borotválkozás utáni
arcszesz
losjonas po skutimosi

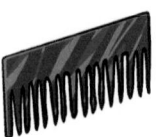

fésű
šukos

hajkefe
šepetys

hajszárító
plaukų džiovintuvas

hajlakk
plaukų lakas

smink
makiažas

ajakrúzs
lūpdažis

körömlakk
nagų lakas

vatta
vata

körömvágó olló
žirklutės nagams

parfüm
kvepalai

neszesszer
maišelis skalbiniams

sámli
taburetė

mérleg
svarstyklės

köntös
chalatas

gumikesztyű
guminės pirštinės

tampon
tamponas

egészségügyi betét
higieninis įklotas

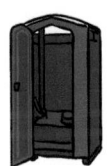

vegyi WC
biotualetas

gyerekszoba
vaiko kambarys

ébresztő óra
žadintuvas
plüssállat
pliušinis žaislas
játékautó
žaislinė mašinėlė
csörgő
barškutis
babaház
lėlės namelis
ajándék
dovana

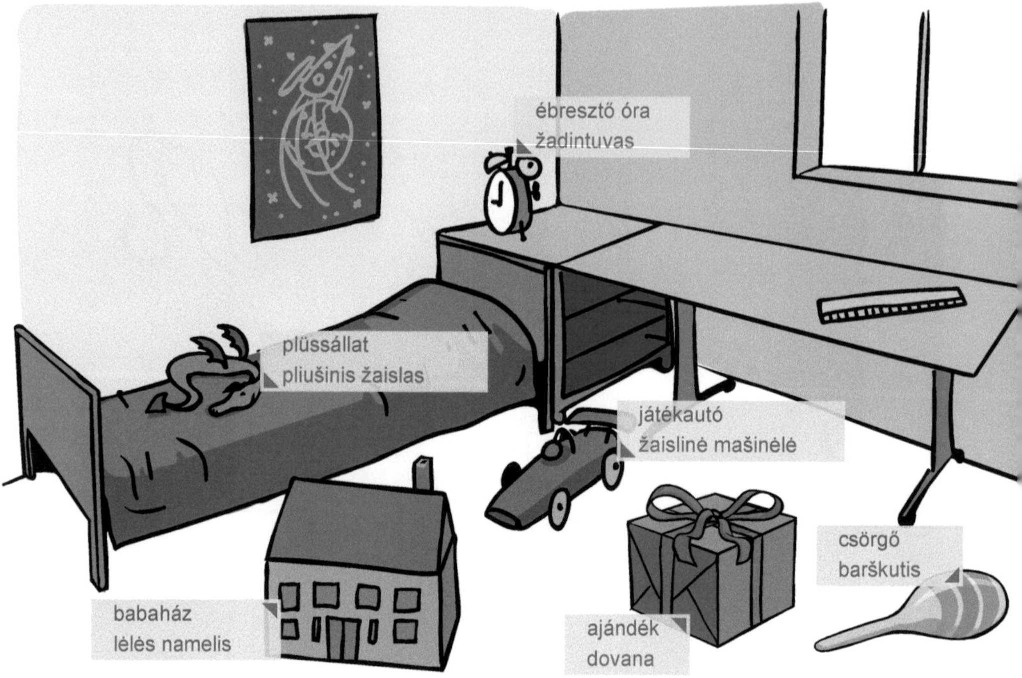

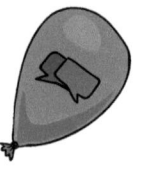

lufi

balionas

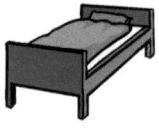

ágy

lova

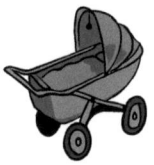

babakocsi

vaikiškas vežimėlis

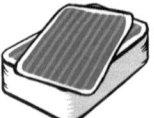

kártyapakli

kortų malka

kirakós játék

delionė

SUPER
MEGA

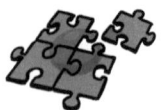

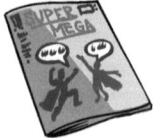

képregény

komiksai

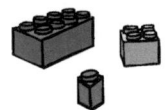

építőkockák

lego kaladėlės

építőelem

žaislinės kaladėlės

szuperhős

figūrėlė

rugdalózó

šliaužtinukai

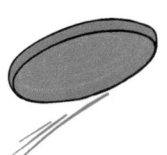

frizbi

mėtymo lėkštė

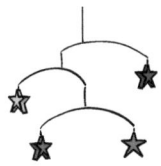

zenélő forgó

karuselė

társasjáték

stalo žaidimas

kocka

kauliukai

modellvasút

žaislinis traukinys

cumi

žindukas

zsúr

vakarėlis

képeskönyv

paveiksliukų knygelė

labda

kamuolys

baba

lėlė

játszani

žaisti

homokozó

smėlio dėžė

hinta

sūpynės

játékok

žaislai

videójáték konzol

žaidimų konsolė

tricikli

triratukas

teddi maci

meškiukas

ruhásszekrény

drabužių spinta

ruházat
drabužis

zokni

kojinės

harisnya

kojinės virš kelių

harisnyanadrág

pėdkelnės

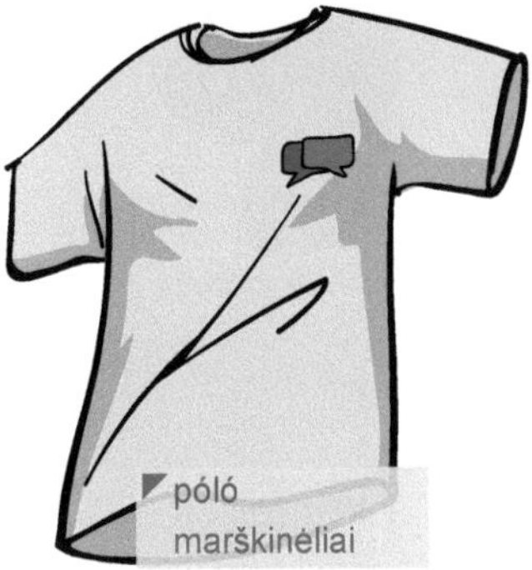

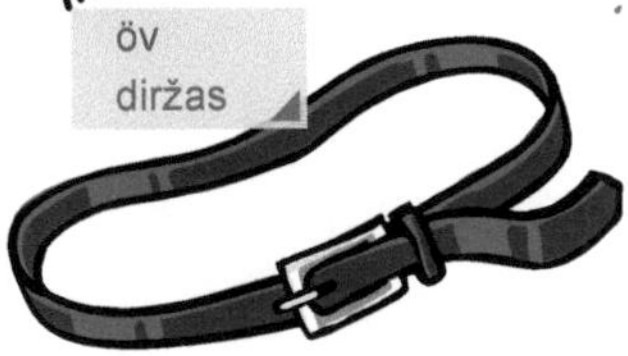

sál
šalikas

öv
diržas

esernyő
skétis

póló
marškinéliai

csizma
ilgaauliai batai

papucs
šlepetés

tornacipő
sportbačiai

szandál
....
sandalai

cipő
....
batai

gumicsizma
....
guminiai batai

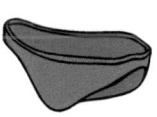

alsónadrág
....
trumpikés

melltartó
....
liemenélé

mellény
....
liemené

body

glaustinukė

nadrág

kelnės

farmer

džinsai

szoknya

sijonas

blúz

palaidinė

ing

marškiniai

pulóver

megztinis

kapucnis pulóver

megztinis su gobtuvu

blézer

švarkelis

dzseki

švarkas

kabát

paltas

esőkabát

lietpaltis

kosztüm

kostiumas

ruha

suknelė

esküvői ruha

vestuvinė suknelė

öltöny
kostiumas

hálóing
naktiniai marškiniai

pizsama
pižama

szári
saris

fejkendő
skarelė

turbán
tiurbanas

burka
burka

kaftán
kaftanas

abaya
abaja

fürdőruha
maudymosi kostiumėlis

fürdőnadrág
glaudės

rövidnadrág
šortai

tréningruha
sportinis kostiumas

kötény
prijuostė

kesztyű
pirštinės

gomb

saga

szemüveg

akiniai

karkötő

apyrankė

nyaklánc

vėrinys

gyűrű

žiedas

fülbevaló

auskaras

sapka

kepurė

vállfa

pakabas

kalap

skrybėlė

nyakkendő

kaklaraištis

cipzár

užtrauktukas

bukósisak

šalmas

nadrágtartó

breketai

iskolai egyenruha

mokyklinė uniforma

egyenruha

uniforma

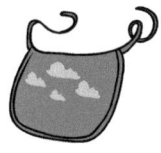

előke

seilinukas

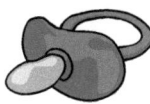

cumi

žindukas

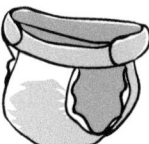

pelenka

vystyklai

iroda
biuras

szerver
serveris
irattartó szekrény
dokumentų spinta
nyomtató
spausdintuvas
papír
popierius
képernyő
vaizduoklis
egér
pelė
íróasztal
rašomasis stalas
mappa
aplankas
billentyűzet
klaviatūra
papír-hulladék gyűjtő
šiukšliadėžė
számítógép
kompiuteris
szék
kėdė

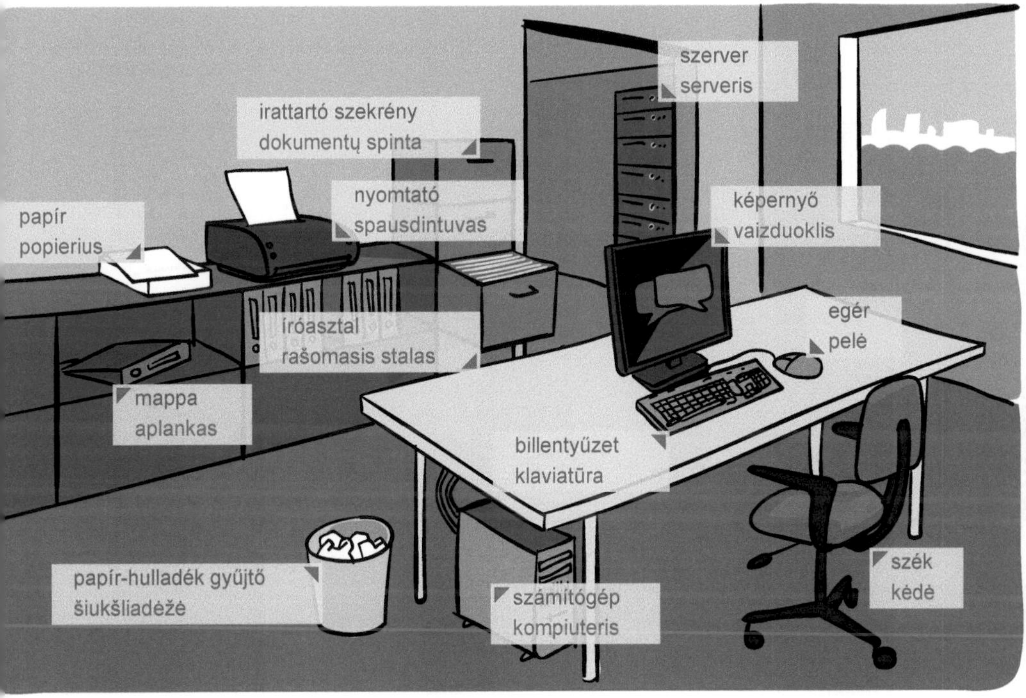

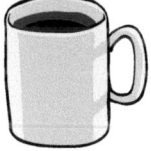

kávéscsésze

kavos puodelis

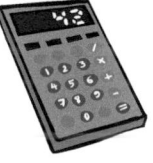

számológép

kalkuliatorius

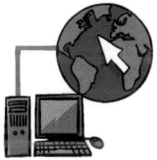

internet

internetas

laptop

nešiojamasis kompiuteris

levél

laiškas

üzenet

žinutė

mobiltelefon

mobilusis telefonas

hálózat

tinklas

fénymásoló

fotokopijavimo aparatas

szoftver

programinė įranga

telefon

telefonas

konnektor

kištukinis lizdas

faxgép

faksas

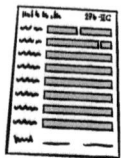

formanyomtatvány

forma

dokumentum

dokumentas

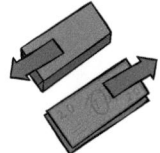

venni
....
pirkti

fizetni
....
moketi

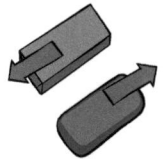

kereskedni
....
prekiauti

pénz
....
pinigai

dollár
....
doleris

euró
....
euras

jen
....
jena

rubel
....
rublis

svájci frank
....
Šveicarijos frankas

kínai jüan
....
juanis

rúpia
....
rupija

bankautomata
....
bankomatas

valutaváltó iroda

valiutos keitykla

arany

auksas

ezüst

sidabras

olaj

nafta

energia

energija

ár

kaina

szerződés

sutartis

adó

mokestis

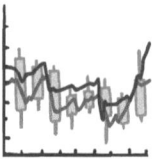

részvény

akcijos

dolgozni

dirbti

munkavállaló

darbuotojas

munkaadó

darbdavys

gyár

gamykla

üzlet

parduotuvė

foglalkozások
profesijos

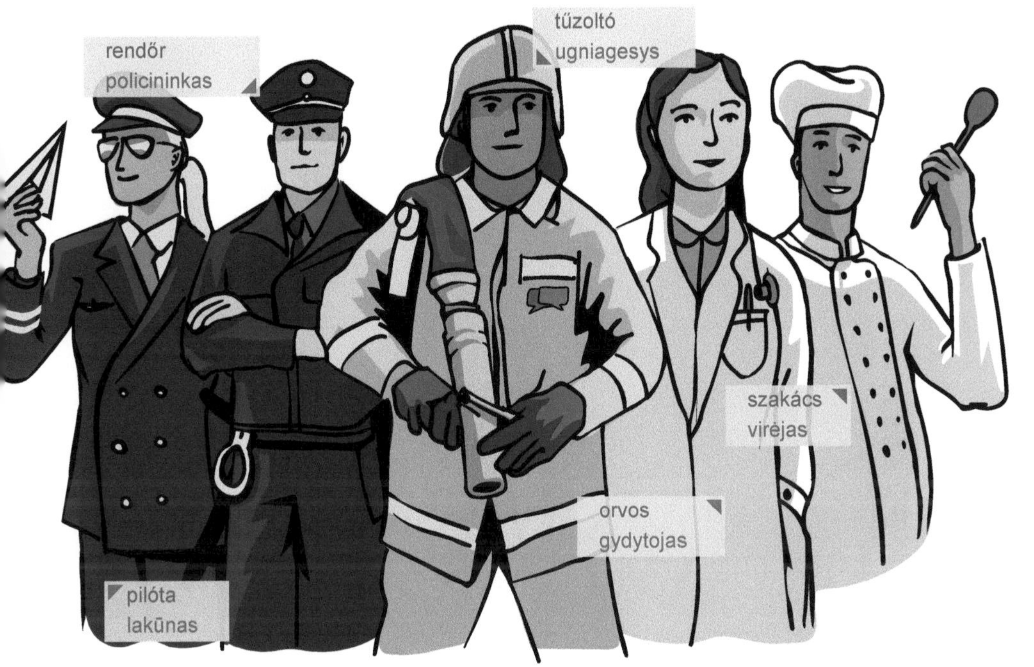
tűzoltó
ugniagesys
rendőr
policininkas
szakács
virėjas
orvos
gydytojas
pilóta
lakūnas

kertész

sodininkas

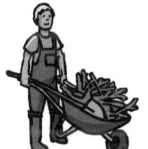

kárpitos

stalius

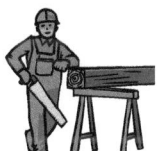

varrónő

siuvėja

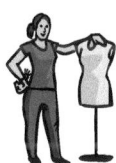

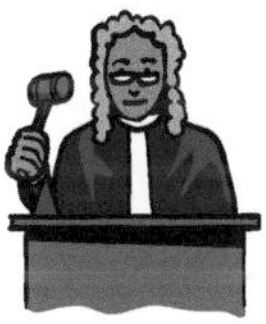

bíró

teisėjas

vegyész

chemikas

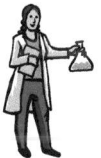

színész

aktorius

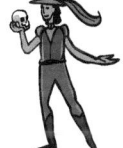

buszsofőr

autobuso vairuotojas

taxisofőr

taksi vairuotojas

halász

žvejys

bejárónő

valytoja

tetőfedő

stogdengys

pincér

padavėjas

vadász

medžiotojas

festő

dailininkas

pék

kepėjas

villanyszerelő

elektrikas

építőmunkás

statybininkas

mérnök

inžinierius

hentes

mėsininkas

vízvezeték-szerelő

santechnikas

postás

paštininkas

katona

kareivis

építész

architektas

eladó

kasininkas

virágos

gélininkas

fodrász

kirpėjas

kalauz

konduktorius

műszerész

mechanikas

kapitány

kapitonas

fogorvos

odontologas

tudós

mokslininkas

rabbi

rabinas

imám

imamas

szerzetes

vienuolis

lelkész

kunigas

szerszámok
įrankiai

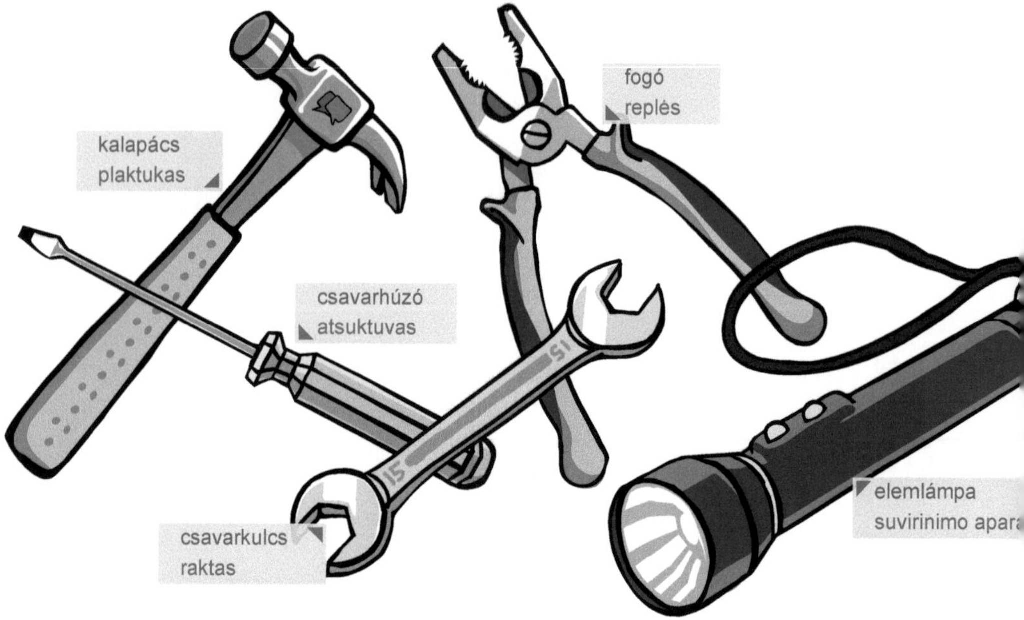
kalapács
plaktukas
fogó
replės
csavarhúzó
atsuktuvas
csavarkulcs
raktas
elemlámpa
suvirinimo apar

markológép
ekskavatorius

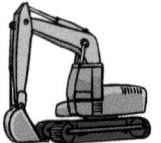

szerszámosláda
įrankių dėžė

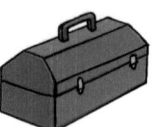

vödör
kopėčios

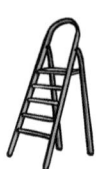

fűrész
pjūklas

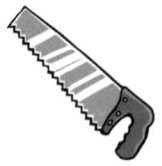

szög
vinys

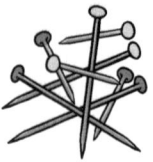

fúrógép
grąžtas

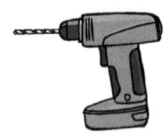

megjavítani

taisyti

lapát

kastuvas

A francba!

Velniava!

szemétlapát

semtuvėlis

festékesdoboz

dažų skardinė

csavar

varžtai

hangszerek
muzikos instrumentai

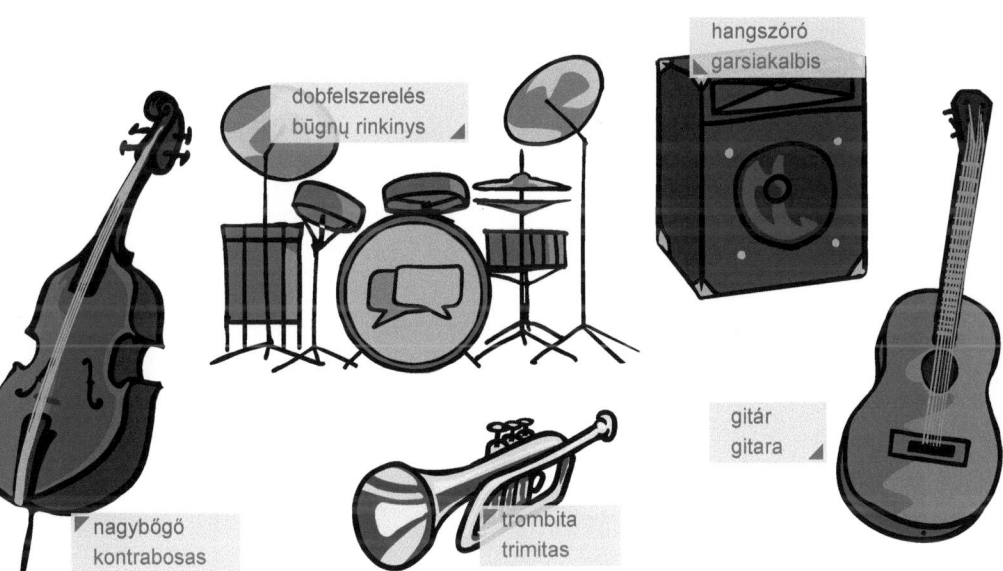

dobfelszerelés
būgnų rinkinys

hangszóró
garsiakalbis

nagybőgő
kontrabosas

trombita
trimitas

gitár
gitara

zongora
pianinas

hegedű
smuikas

basszusgitár
bosinė gitara

üstdob
timpanas

dobok
būgnai

digitális zongora
sintezatorius

szaxofon
saksofonas

fuvola
fleita

mikrofon
mikrofonas

hangszerek - muzikos instrumentai

tigris
tigras

bejárat
įėjimas

kalitka
narvas

zebra
zebras

állateledel
gyvūnų pašaras

panda
panda

állatok
gyvūnai

elefánt
dramblys

kenguru
kengūra

orrszarvú
raganosis

gorilla
gorila

medve
meška

teve

kupranugaris

strucc

strutis

oroszlán

liūtas

majom

beždžionė

flamingó

flamingas

papagáj

papūga

jegesmedve

baltoji meška

pingvin

pingvinas

cápa

ryklys

páva

povas

kígyó

gyvatė

krokodil

krokodilas

állatgondozó

zoologijos sodo prižiūrėtojas

fóka

ruonis

jaguár

jaguaras

póniló
ponis

leopárd
leopardas

víziló
begemotas

zsiráf
žirafa

sas
erelis

vaddisznó
šernas

hal
žuvis

teknős
vėžlys

rozmár
vėplys

róka
lapė

gazella
gazelė

amerikai futball
amerikietiškas futbolas

kerékpározás
dviračių sportas

tenisz
tenisas

kosárlabda
krepšinis

úszás
plaukimas

boksz
boksas

jégkorong
ledo ritulys

futball
futbolas

tollas
badmintonas

atlétika
atletika

kézilabda
rankinis

síelés
slidinėjimas

lovaspóló
polas

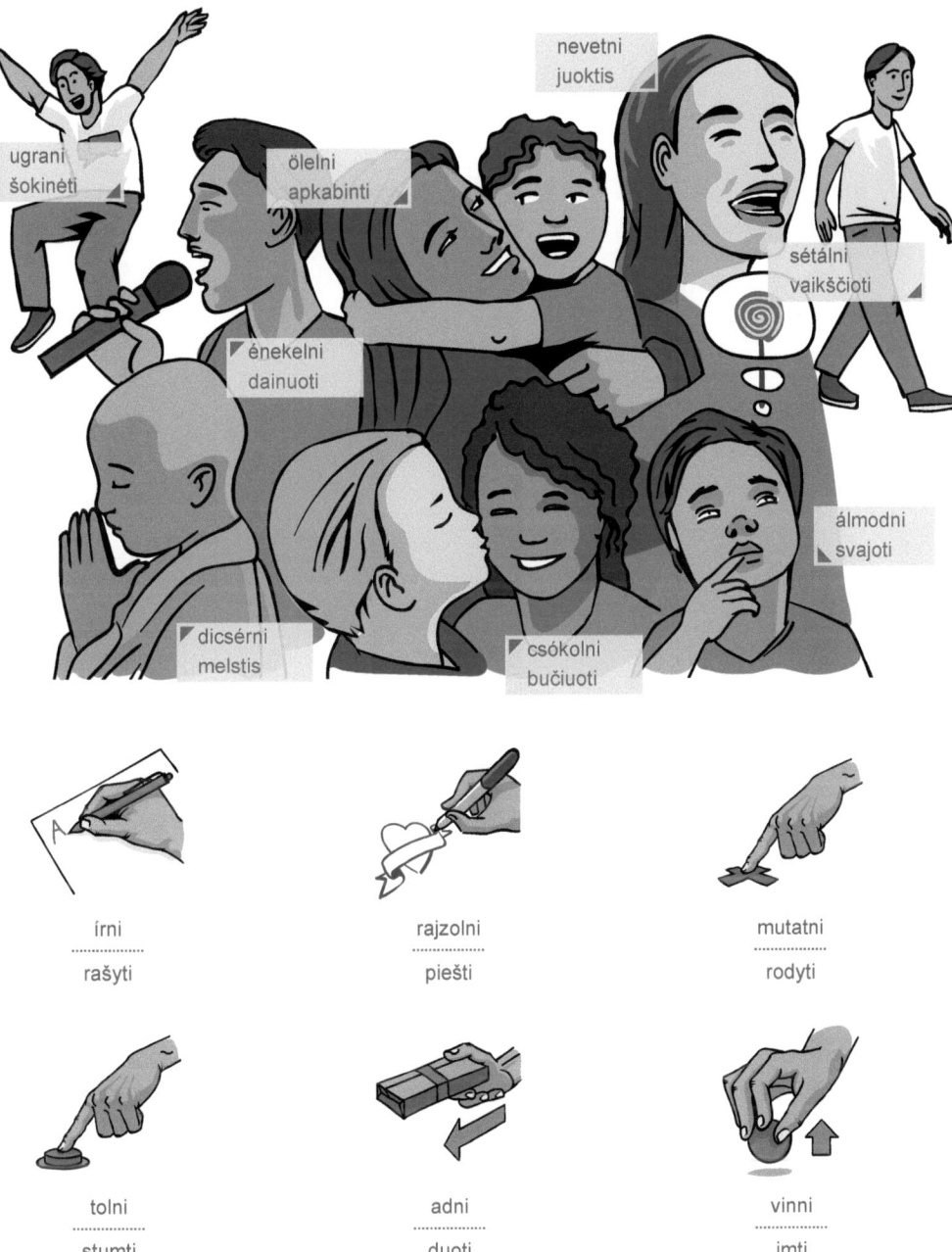

nevetni
juoktis

ugrani
šokinéti

ölelni
apkabinti

sétálni
vaikščioti

énekelni
dainuoti

álmodni
svajoti

dicsérni
melstis

csókolni
bučiuoti

írni

rašyti

rajzolni

piešti

mutatni

rodyti

tolni

stumti

adni

duoti

vinni

imti

birtokolni
turėti

csinálni
daryti

lenni
būti

állni
stovėti

futni
bėgti

húzni
traukti

hajít
mesti

esni
kristi

hazudni
meluoti

várni
laukti

vinni
nešti

ülni
sėdėti

felvenni
rengtis

aludni
miegoti

felébredni
pabusti

ránézni

žiūrėti

sírni

verkti

simogat

glostyti

fésülni

šukuoti

beszélni

kalbėti

megérteni

suprasti

kérdezni

paklausti

hallgatni

klausytis

inni

gerti

enni

valgyti

takarítani

tvarkytis

szeretni

mylėti

főzni

gaminti

vezetni

vairuoti

szállni

skristi

vitorlázni
buriuoti

számol
skaičiuoti

olvasni
skaityti

tanulni
mokytis

dolgozni
dirbti

házasodni
vesti

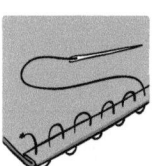

varrni
siūti

fogat mosni
valytis dantis

ölni
žudyti

dohányozni
rūkyti

küldeni
siųsti

nagymama
senelė

nagypapa
senelis

apa
tėvas

anya
motina

kisbaba
kūdikis

lány
dukra

fiú
sūnus

vendég
svečias

nagynéni
teta

nagybácsi
dėdė

fiútestvér
brolis

lánytestvér
sesuo

test

kūnas

homlok
kakta
szem
akis
váll
petys
ujj
pirštas
arc
veidas
áll
smakras
kéz
plaštaka
mell
krūtinė
láb
koja
kar
ranka

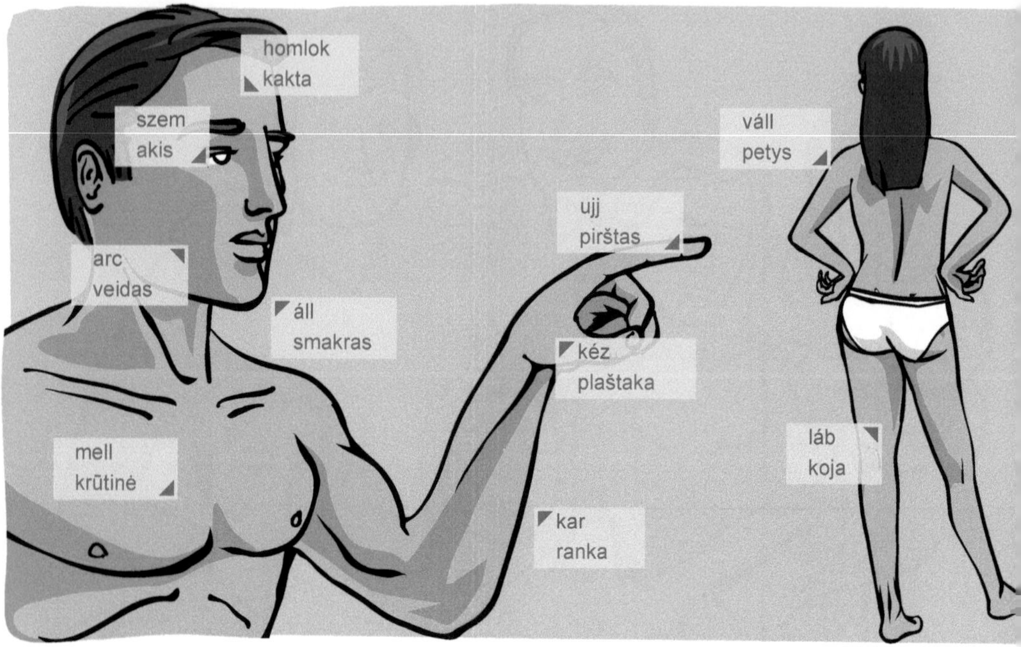

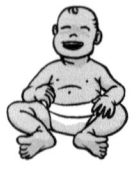

kisbaba
kūdikis

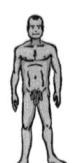

ember
vyras

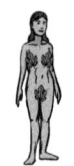

nő
moteris

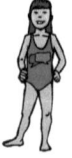

lány
mergaitė

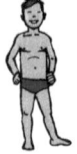

fiú
berniukas

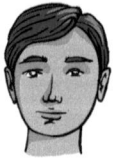

fej
galva

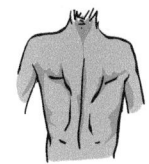

hát
....
nugara

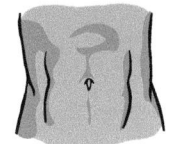

has
....
pilvas

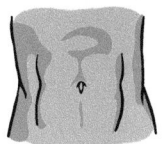

köldök
....
bamba

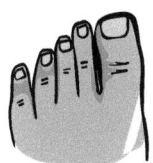

lábujj
....
kojos pirštas

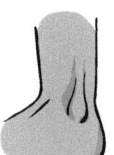

sarok
....
kulnas

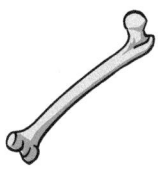

csont
....
kaulas

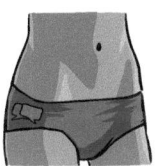

csípő
....
klubas

térd
....
kelis

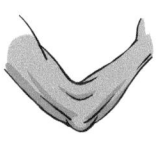

könyök
....
alkūnė

orr
....
nosis

fenék
....
sėdmenys

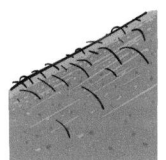

bőr
....
oda

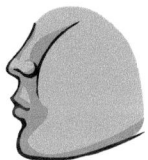

orca
....
skruostas

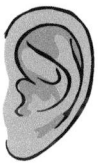

fül
....
ausis

ajak
....
lūpa

test - kūnas

69

száj
burna

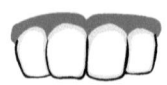

fog
dantis

nyelv
liežuvis

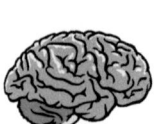

agy
smegenys

szív
širdis

izom
raumuo

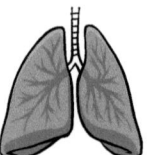

tüdő
plaučiai

máj
kepenys

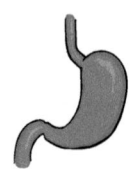

gyomor
skrandis

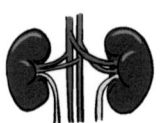

vese
inkstai

szex
seksas

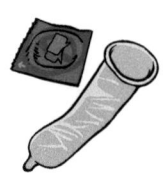

kondom
prezervatyvas

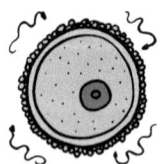

petesejt
kiaušialąstė

sperma
sperma

terhesség
nėštumas

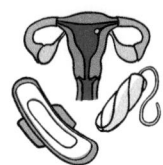

menstruáció

menstruacijos

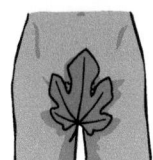

vagina

makštis

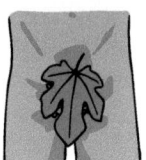

pénisz

varpa

szemöldök

antakis

haj

plaukai

nyak

kaklas

kórház
ligoninė

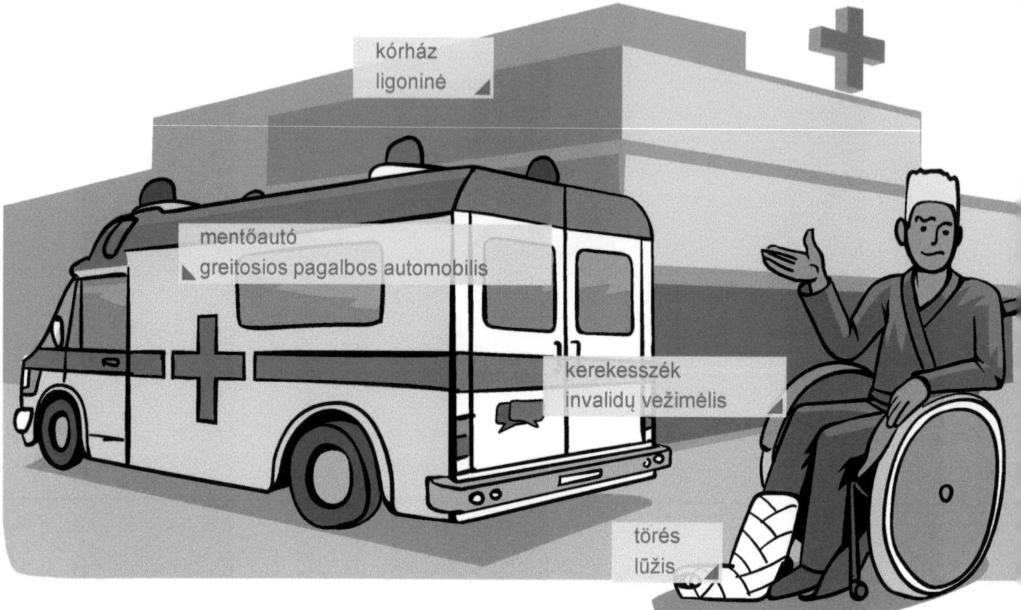

kórház
ligoninė
mentőautó
greitosios pagalbos automobilis
kerekesszék
invalidų vežimėlis
törés
lūžis

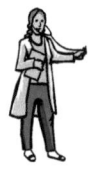

orvos

gydytojas

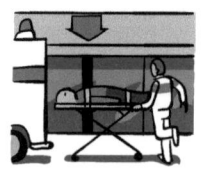

sürgősségi osztály

skubios pagalbos skyrius

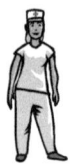

ápoló

slaugytoja

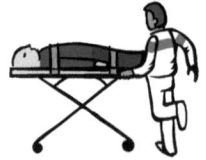

vészhelyzet

nelaimingas atsitikimas

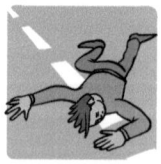

eszméletlen

be sąmonės

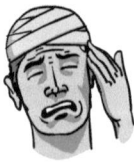

fájdalom

skausmas

sérülés

sužalojimas

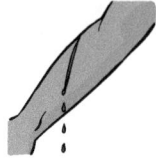

vérzés

kraujavimas

szívroham

širdies smūgis

szélütés

insultas

allergia

alergija

köhögés

kosulys

láz

karščiavimas

influenza

gripas

hasmenés

viduriavimas

fejfájás

galvos skausmas

rák

vėžys

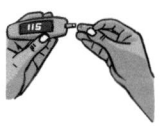

cukorbetegség

diabetas

sebész

chirurgas

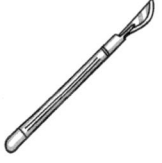

szike

skalpelis

műtét

operacija

CT
KT

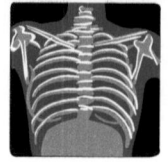

röntgen
rentgenas

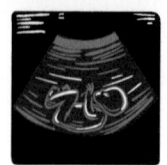

ultrahang
ultragarsas

arcmaszk
veido kaukė

betegség
liga

váróterem
laukiamasis

mankó
ramentas

sebtapasz
gipsas

kötszer
tvarstis

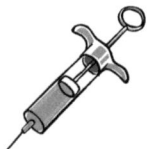

injekció
injekcija

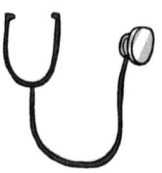

sztetoszkóp
stetoskopas

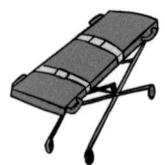

hordágy
neštuvai

klinikai hőmérő
termometras

születés
gimimas

túlsúly
antsvoris

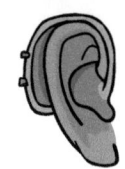

hallókészülék
klausos aparatas

fertőtlenítőszer
dezinfekavimo priemonė

fertőzés
infekcija

vírus
virusas

HIV/AIDS
ŽIV / AIDS

orvosság
vaistas

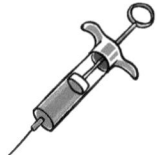

oltás
skiepijimas

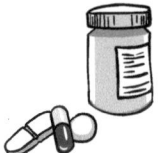

tabletták
tabletės

tabletta
piliulė

sürgősségi hívás
skubios pagalbos numeris

vérnyomásmérő
kraujospūdžio matuoklis

betegség / egészség
ligotas / sveikas

kórház - ligoninė

Segítség!

Padékite!

riasztás

pavojaus signalas

rajtaütés

užpuolimas

támadás

ataka

veszély

pavojus

vészkijárat

avarinis išėjimas

tűz!

Gaisras!

tűzoltókészülék

gesintuvas

baleset

nelaimingas atsitikimas

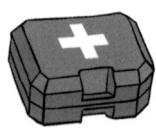

elsősegélycsomag

pirmosios pagalbos rinkinys

SOS

SOS

rendőrség

policija

Európa

Europa

Észak-Amerika

Šiaurės Amerika

Dél-Amerika

Pietų Amerika

Afrika

Afrika

Ázsia

Azija

Ausztrália

Australija

Atlanti-óceán

Atlanto vandenynas

Csendes-óceán

Ramusis vandenynas

Indiai-óceán

Indijos vandenynas

Déli-óceán

Pietų vandenynas

Jeges-tenger

Arkties vandenynas

Északi-sark

Šiaurės ašigalis

Déli-sark

Pietų ašigalis

Antarktisz

Antarktida

föld

Žemė

szárazföld

sausuma

tenger

jūra

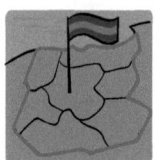

sziget

sala

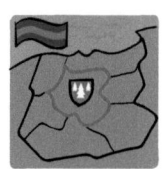

nemzet

tauta

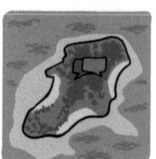

állam

valstybė

számlap

ciferblatas

kismutató

valandinė rodyklė

nagymutató

minutinė rodyklė

másodpercmutató

sekundinė rodyklė

Mennyi az idő?

Kiek valandų?

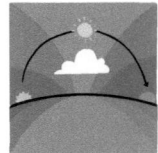

nap

diena

idő

laikas

most

dabar

digitális óra

skaitmeninis laikrodis

perc

minutė

óra

valanda

hét
savaitė

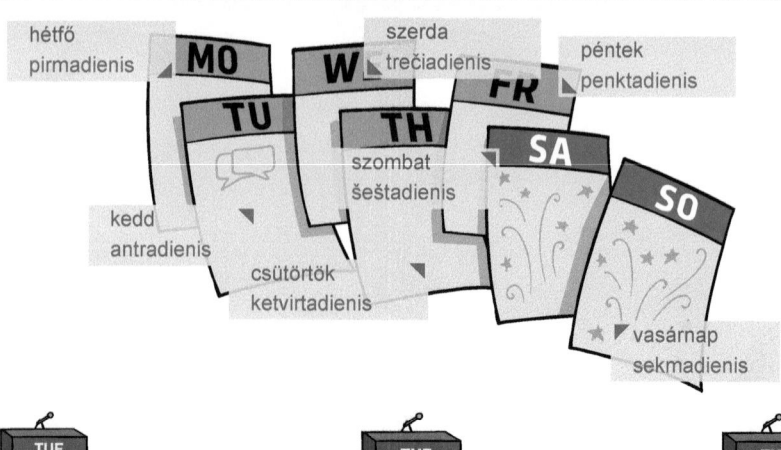

hétfő
pirmadienis

szerda
trečiadienis

péntek
penktadienis

kedd
antradienis

csütörtök
ketvirtadienis

szombat
šeštadienis

vasárnap
sekmadienis

tegnap

vakar

ma

šiandien

holnap

rytoj

reggel

rytas

dél

vidurdienis

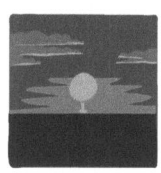

este

vakaras

MO	TU	WE	TH	FR	SA	SU
1	2	3	4	5	6	7
8	9	10	11	12	13	14
15	16	17	18	19	20	21
22	23	24	25	26	27	28
29	30	31	1	2	3	4

hétköznap

darbo dienos

MO	TU	WE	TH	FR	SA	SU
1	2	3	4	5	6	7
8	9	10	11	12	13	14
15	16	17	18	19	20	21
22	23	24	25	26	27	28
29	30	31	1	2	3	4

hétvége

savaitgalis

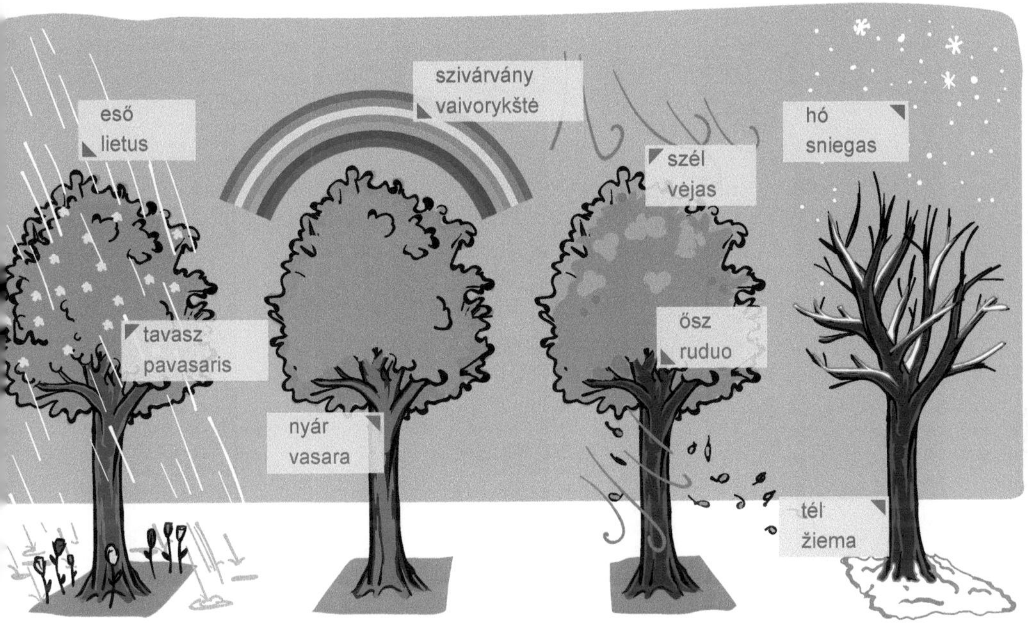

eső
lietus
szivárvány
vaivorykštė
szél
vėjas
hó
sniegas
tavasz
pavasaris
nyár
vasara
ősz
ruduo
tél
žiema

4.APRIL 11°
5.APRIL 4°
6.APRIL 13°
7.APRIL 8°
8.APRIL 10°

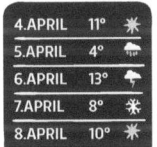

időjárás előrejelzés

orų prognozė

F C
120 40
90 30
60 20
30 10
0 0
-30 -10
-20

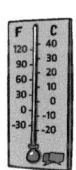

hőmérő

lauko termometras

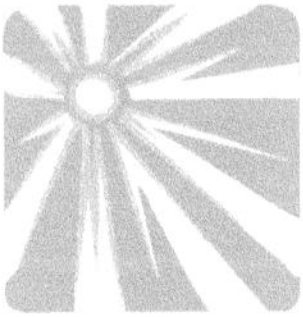

napsütés

saulės šviesa

felhő

debesis

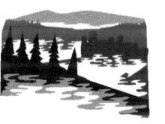

köd

rūkas

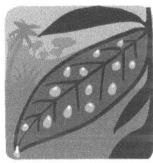

páratartalom

drėgmė

villámlás

žaibas

mennydörgés

griaustinis

vihar

audra

jégeső

kruša

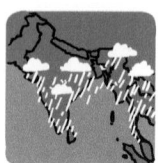

monszun

musonas

áradás

potvynis

jég

ledas

január

sausis

február

vasaris

március

kovas

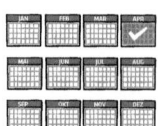

április

balandis

május

gegužė

június

birželis

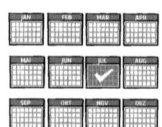

július

liepa

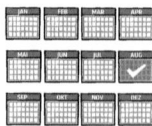

augusztus

rugpjūtis

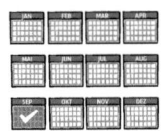

szeptember
....
rugsėjis

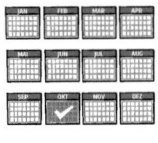

október
....
spalis

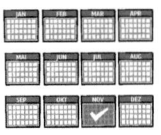

november
....
lapkritis

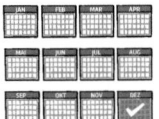

december
....
gruodis

kör
....
apskritimas

négyzet
....
kvadratas

téglalap
....
stačiakampis

háromszög
....
trikampis

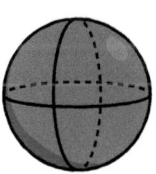

gömb
....
sfera

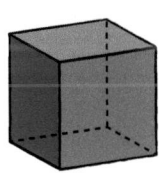

kocka
....
kubas

fehér

balta

sárga

geltona

narancs

oranžinė

rózsaszín

rožinė

piros

raudona

lila

violetinė

kék

mėlyna

zöld

žalia

barna

ruda

szürke

pilka

fekete

juoda

sok / kevés

daug / mažai

mérges / nyugodt

piktas / ramus

szép / csúnya

gražus / bjaurus

kezdet / vég

pradžia / pabaiga

nagy / kicsi

didelis / mažas

világos / sötét

šviesus / tamsus

fivér / nővér

brolis / sesuo

tiszta / koszos

švarus / purvinas

teljes / nem teljes

užbaigtas / neužbaigtas

nappal / éjszaka

diena / naktis

halott / élő

miręs / gyvas

széles / keskeny

platus / siauras

ehető / nem ehető

valgomas / nevalgomas

gonosz / kedves

piktas / malonus

izgatott / unott

linksmas / nuobodus

kövér / vékony

storas / plonas

első / utolsó

pirmiausia / paskiausia

barát / ellenség

draugas / priešas

teli / üres

pilnas / tuščias

kemény / puha

kietas / minkštas

nehéz / könnyű

sunkus / lengvas

éhség / szomjúság

alkis / troškulys

betegség / egészség

ligotas / sveikas

illegális / legális

nelegalus / legalus

intelligens / buta

protingas / kvailas

bal / jobb

kairė / dešinė

közel / távol

arti / toli

új / használt

naujas / naudotas

semmi / valami

niekas / kažkas

idős / fiatal

senas / jaunas

be / ki

įjungta / išjungta

nyitva / zárva

atidaryta / uždaryta

csendes / hangos

tylus / garsus

gazdag / szegény

turtingas / vargšas

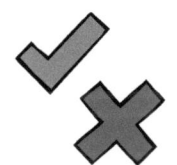

helyes / helytelen

teisus / neteisus

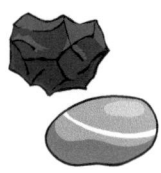

érdes / sima

šiurkštus / švelnus

szomorú / vidám

liūdnas / laimingas

rövid / hosszú

trumpas / ilgas

lassú / gyors

lėtas / greitas

nedves / száraz

drėgnas / sausas

meleg / hideg

šiltas / šaltas

háború / béke

karas / taika

0

nulla

nulis

1

egy

vienas

2

kettő

du

3

három

trys

4

négy

keturi

5

öt

penki

6

hat

šeši

7

hét

septyni

8

nyolc

aštuoni

9

kilenc

devyni

10

tíz

dešimt

11

tizenegy

vienuolika

12

tizenkettő

dvylika

13

tizenhárom

trylika

14

tizennégy

keturiolika

15

tizenöt

penkiolika

16

tizenhat

šešiolika

17

tizenhét

septyniolika

18

tizennyolc

aštuoniolika

19

tizenkilenc

devyniolika

20

húsz

dvidešimt

100

száz

šimtas

1.000

ezer

tūkstantis

1.000.000

millió

milijonas

angol

anglų

amerikai angol

amerikiečių anglų

mandarin kínai

kinų (mandarinų)

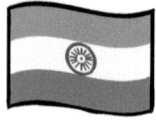

hindi

hindi

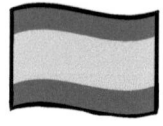

spanyol

ispanų

francia

prancūzų

arab

arabų

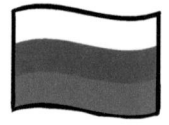

orosz

rusų

portugál

portugalų

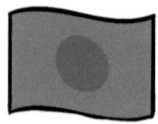

bengáli

bengalų

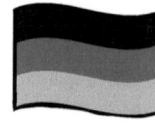

német

vokiečių

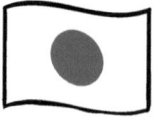

japán

japonų

én
....
aš

te
....
tu

ő
....
jis / ji

mi
....
mes

ti
....
jūs

ők
....
jie

ki?
....
kas?

mi?
....
ką?

hogyan?
....
kaip?

hol?
....
kur?

mikor?
....
kada?

HELLO, I AM

név
....
vardas

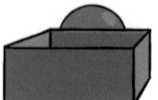

mögött
....
už

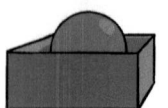

benne
....
kur (vieta)

előtte
....
priešais

felette
....
virš

rajta
....
ant

alatta
....
po

mellett
....
prie

között
....
tarp

hely
....
vieta